AF590160

LES HUGUENOTS,

OPÉRA EN CINQ ACTES,

PAROLES DE M. EUGÈNE SCRIBE;

MUSIQUE DE M. GIACOMO MEYERBEER; BALLET DE M. TAGLIONI;

DÉCORS DE MM. SÉCHAN, FEUCHÈRES, DIETERLE ET DE SPLECHIN.

Représenté pour la première fois, à Paris, sur le théâtre de l'Académie Royale de Musique, le 29 février 1836.

DISTRIBUTION DE LA PIÈCE :

Personnage	Interprète
MARGUERITE DE VALOIS, fiancée de Henri IV.	Mlle Dorus-Gras.
Le comte DE SAINT-BRIS, seigneur catholique, gouverneur du Louvre	M. Serda.
VALENTINE, sa fille	Mlle Falcon.
Le comte DE NEVERS, gentilshommes catholiques.	M. Dérivis.
COSSÉ, gentilshommes catholiques.	M. Dupont.
THORÉ, gentilshommes catholiques.	M. Wartel.
TAVANNES, gentilshommes catholiques.	M. Massol.
DE RETZ, gentilshommes catholiques.	M. Ferdinand Prévost.
RAOUL DE NANGIS, gentilhomme protestant.	M. Adolphe Nourrit. / M. Dupré.
MARCEL, son domestique	M. Levasseur.
URBAIN, page de la reine Marguerite	Mlle Flécheux.

La scène se passe au mois d'août 1572 : les deux premiers actes en Touraine, les trois derniers à Paris.

ACTE PREMIER.

Le théâtre représente une salle du château du comte de Nevers; au fond, de grandes croisées ouvertes laissent voir des jardins et une pelouse sur laquelle plusieurs jeunes seigneurs jouent au ballon; à droite, une porte qui donne dans les appartements intérieurs; à gauche, une croisée fermée par un rideau, et qui est censée donner sur un oratoire; sur le devant du théâtre, d'autres seigneurs jouent aux dés, au bilboquet, etc. Le comte de Nevers, Tavannes, de Cossé, de Retz, de Thoré, Méru et d'autres seigneurs catholiques les regardent et parlent entre eux.

SCÈNE I.

CHOEUR.

Des jours de la jeunesse
Et du temps qui nous presse,
Dans une douce ivresse
Hâtons-nous de jouir!

Aux jeux, à la folie
Consacrons notre vie,
Et qu'ici tout s'oublie
Excepté le plaisir!

TAVANNES, s'adressant au comte de Nevers.

Lieux enchanteurs châtelain respectable,
Mon cher Nevers, pourquoi ne pas nous mettre à table?

DE NEVERS.

Nous attendons encore un convive.

TOUS.

Et lequel?

DE NEVERS.

Un jeune gentilhomme, un nouveau camarade,
Qui dans nos lansquenets vient d'obtenir un grade
Par le crédit de l'amiral.

TOUS.

O ciel!
C'est donc un huguenot?

DE NEVERS.

Eh! oui; mais je vous prie

De le traiter en frère, en ami ; notre roi
Nous en donne l'exemple et nous en fait la loi;
Avec les protestants il se réconcilie,
Coligny, Médicis ont juré devant Dieu
Une éternelle paix.

COSSÉ.

Qui durera bien peu ;

DE NEVERS.

Q... nous importe, à nous!

CHOEUR.

Des jours de la jeunesse
Et du temps qui nous presse,
Dans une douce ivresse
Hâtons-nous de jouir!

Aux jeux, à la folie
Consacrons notre vie,
Et qu'ici tout s'oublie
Excepté le plaisir!

SCÈNE II.

LES PRÉCÉDENTS; RAOUL, paraisant à une des allées du fond.

TAVANNES.

Eh! mais, de ce côté regardez, mes amis.

DE NEVERS.

C'est celui que j'attends, c'est Raoul de Nangis.

COSSÉ.

Quelle sombre pensée,

DE RETZ.

Ou quel ennui l'accable?

TAVANNES.

Des dogmes de Calvin effet inévitable!

COSSÉ.

Je veux m'en amuser.

DE NEVERS.

Et moi le convertir
Au culte des vrais dieux, l'amour et le plaisir.

RAOUL, s'avançant près du comte de Nevers, qu'il salue.

Sous le beau ciel de la Touraine,
armi ce que la cour offre de plus brillant,
Pour moi, simple soldat, que l'on connaît à peine,
Quel honneur d'être admis!

COSSÉ, bas aux autres.

Il n'est pas mal, vraiment!

TAVANNES.

, l'air gauche et gêné d'un noble de province!

THORÉ.

Mais nous le formerons; c'est à la cour du prince
Un service à lui rendre.

(Pendant ces différents aparté on a apporté une table magnifiquement servie.)

DE NEVERS.

A table, mes amis!

TAVANNES, bas aux autres.

Je veux, pour commencer, l'enivrer.

TOUS, de même.

Ah! j'en suis!

CHOEUR.

A table, amis, à table!
Bonheur de la table,
Bonheur véritable,
Plaisir seul durable,
Qui ne trompe pas!
Buveur intrépide,
Que Bacchus me guide,
Que lui seul préside
A ce gai repas!
De la Touraine
Versez les vins,
Le vin amène
Joyeux refains,
Et dans l'ivresse
Noyons soudain
Et la sagesse
Et le chagrin!

DE NEVERS, gaîment.

Versez de nouveaux vins! versez avec largesses,
Allons, Raoul, buvons à nos maîtresses!
Rien qu'à votre air et tendre et langoureux,
Je gage que déjà vous êtes amoureux.

RAOUL, troublé.

Qui? moi?

DE NEVERS.

C'est permis à notre âge!
Mais sous ses chastes lois demain l'hymen m'engage,
Je l'ai promis, je renonce à l'amour;
Et depuis ce moment je ne saurais suffire
Aux nombreux désespoirs des dames de la cour.

COSSÉ.

C'est amusant! tu devrais nous les dire.

DE NEVERS.

Soit! mais, ainsi que moi, chacun de vous ici
Nous fera le récit de ses amours?

COSSÉ.

Eh oui!

TAVANNES.

Qui donc commencera?

DE NEVERS, montrant Raoul.

Notre nouvel ami!

TOUS.

C'est juste!... c'est à lui!

RAOUL.

Je le puis volontiers sans compromettre celle
Dont mon cœur est épris.

DE NEVERS.

Et d'abord quelle est-elle?

RAOUL.

Je n'en sais rien.

DE NEVERS, riant.

Son nom?...

RAOUL.

Je l'ignore.

DE NEVERS.

Vraiment!
Or écoutons : voici qui doit être piquant.

RÉCITATIF.

RAOUL.

Non loin des vieilles tours et des remparts d'Amboise
Seul j'égarais mes pas, quand j'aperçois soudain
Une riche litière au détour du chemin;
D'étudiants nombreux la troupe discourtoise
L'entourait, et leurs cris, leur air audacieux
Me laissaient deviner leur projet: — je m'élance...
Tout fuit à mon aspect. Timide — je m'avance,
Et quel spectacle alors vient s'offrir à mes yeux!

ROMANCE.

PREMIER COUPLET.

Plus blanche que la blanche hermine,
Plus pure qu'un jour de printemps,
Un ange, une vierge divine,
De sa vue éblouit mes sens.
Vierge immortelle!
Qu'elle était belle!
Et malgré moi m'inclinant devant elle,
Je lui disais: O reine des amours,
Toujours, toujours,
Je t'aimerai toujours!

CHOEUR DES CONVIVES, riant.

Sa candeur est charmante!
Amant respectueux,
Il tremble et s'épouvante
Auprès de deux beaux yeux.
(Riant.)
Ah!... ah!... ah!... ah!... ah!...

RAOUL.

DEUXIÈME COUPLET.

Mon ivresse eut peu de durée,
Car soudain j'aperçus venir
Ses valets en riche livrée.
Adieu bonheur! adieu plaisir!
Amant fidèle,
Flamme nouvelle
Me brûle encore, hélas! quoique loin d'elle,
Et je me dis: ô reine des amours
Toujours, toujours,
Je t'aimerai toujours!

CHOEUR DES CONVIVES, riant.

Sa constance est charmante;
En esclave amoureux
De sa maîtresse absente
Il rêve les beaux yeux.
Ah!... ah!... ah!... ah!... ah!...

TOUS.

Buvons, buvons! A son tendre martyre,
A ses amours il faut boire, il faut rire!
Bonheur de la table,
Bonheur véritable,
Plaisir seul durable,
Qui ne trompe pas!
Buveur intrépide,
Que Bacchus me guide,
Que lui seul préside
A ce gai repas!

SCÈNE III.

LES MÊMES, toujours à table; MARCEL, paraissant à la porte du fond.

COSSÉ.

Quelle étrange figure ici vois-je apparaître?

RAOUL.

C'est un vieux serviteur, messieurs, il m'a vu na

MARCEL, s'adressant à un des convives.

Sir Raoul de Nangis?
(On le lui montre.)
En croirai-je mes yeux!
Près de nos ennemis! et buvant avec eux!
(S'approchant de Raoul et à voix basse.)
O mon maître!... mon maître!
Dieu nous dit: « De l'impie évite le festin! »

TOUS, riant.

C'est un saint d'Israël!

MARCEL.

Dans le camp philistin!

RAOUL.

Pardon, messieurs, entre un glaive et la Bible
Mon aïeul l'éleva, ne jurant que Luther,
Dans l'horreur de l'amour, du pape et de l'enfer;
Cœur fidèle, mais inflexible,
Diamant brut incrusté dans le fer!
(A Marcel qui veut parler.)
Viens!... sers-nous et tais-toi!
(Plus sévèrement.)
Tais-toi!... s'il est possible!

MARCEL, se retirant à gauche à l'écart.
(A part.)

Moi! j'obéis!... A peine, hélas! m'entendrait-il!
(Le regardant de loin.)
Comment, sans lui parler, l'arracher au péril?

DE NEVERS, à la table.

Amis, buvons à nos maîtresses,
Buvons à leurs vives tendresses!

MARCEL, à part.

Pour le sauver, viens, ô divin Luther!
Mêler ta voix tonnante à ces chants de l'enfer!
(A gauche à haute voix et priant.)

CORAL *.

Seigneur! rempart et seul soutien
Du faible qui t'adore,
Jamais dans ses maux un chrétien
Vainement ne t'implore!
(Raoul, qui tenait son verre levé, s'arrête et pose son verre sur la table.)

DE NEVERS, à Raoul

Eh bien! buvez-vous?...

RAOUL.

Non!

DE NEVERS, montrant Marcel en riant.

Quelle est, mon cher Raoul, cette sombre chanson?

RAOUL.

Un cantique pieux, dont notre foi s'honore!

* Le chant de ce coral est le même que celui composé par [illegible] conservé en

C'est celui que Luther fit pour nous protéger;
Nos frères le chantaient au moment du danger!

MARCEL, continuant le cantique.

L'éternel tentateur
S'arme aujourd'hui, Seigneur,
De ruse et de fureur :
Viens nous sauver encore!

COSSÉ, se levant et regardant Marcel attentivement.

Bravo!... plus je le vois, plus son air me rappelle
Un soldat qui naguère, aux murs de La Rochelle...

MARCEL.

Vous me reconnaissez ?

COSSÉ.

Oui, vrai Dieu, je le croi!
Cette large blessure...

MARCEL, avec fierté.

Elle venait de moi!

RAOUL.

O ciel!

COSSÉ, riant.

C'était de bonne guerre!
Pour te le prouver... tiens... vide avec moi ce verre!

MARCEL, refusant.

Je ne bois pas!...

COSSÉ, riant.

Avec un soldat de l'enfer.

RAOUL.

Excusez-le, messieurs.

DE NEVERS.

S'il ne boit pas, qu'il chante!

RAOUL, voulant s'y opposer.

Eh! mais...

TOUS.

Il faut que son maître y consente!
Il le faut!

MARCEL, passant au milieu d'eux.

Volontiers! je vais vous dire un air...
Que nous chantions au bruit des tambours, des cym-
Accompagné du pif, paf, pif des balles! [bales,

AIR HUGUENOT.

PREMIER COUPLET.

A bas les couvents maudits!
Les moines à terre!
A bas leurs riches habits!
Au feu leur bréviaire!
Au feu leurs splendides murs,
Repaires impurs!
Les papistes! terrassons-les,
Frappons-les!
Qu'ils pleurent!
Qu'ils meurent!
Mais grace... jamais!

DEUXIÈME COUPLET.

Jamais mon bras ne trembla
Aux plaintes des femmes!
Malheur à ces Dalila
Qui perdent les ames!
Brisons au tranchant du fer
Ces piéges d'enfer!
Ces beaux démons, chassez-les,
Frappez-les!
Qu'ils pleurent!
Qu'ils meurent!
Mais grace... jamais!

SCÈNE IV.

LES PRÉCÉDENTS; UN VALET du comte de Nevers paraît au fond du théâtre, conduisant une femme voilée; elle disparaît dans les jardins, et le valet, redescendant la scène, s'adresse à son maître.

LE VALET.

Au maître de ces lieux, au comte de Nevers
On demande à parler.

DE NEVERS, assis et sans se déranger.

Fût-ce le roi lui-même,
Je n'y suis pas!... je ris du Dieu de l'univers
Lorsqu'à table je bois!...

MARCEL, à part.

Ah! l'impie! il blasphème!

LE VALET, à demi-voix au comte de Nevers.

Mais c'est une jeune beauté.

DE NEVERS, sans se déranger et souriant.

(Nonchalamment.)

Une femme, dis-tu? Vraiment l'on ne peut croire
A quel point chaque jour je suis persécuté!

LE VALET.

Elle est là dans votre oratoire.

DE NEVERS, de même.

Qu'elle attende!

TAVANNES et COSSÉ, se levant.

Non pas! en galants chevaliers,
Et pour te remplacer, j'y cours!

DE NEVERS, sans se déranger.

Très volontiers.
Un instant cependant...

(Au valet.)

Léonard, laquelle est-ce?
La marquise d'Entrague ou la jeune comtesse?

LE VALET.

Oh! non, monsieur.

DE NEVERS.

C'est donc madame de Raincy?

LE VALET.

Non, monsieur, et jamais je ne l'ai vue ici.

DE NEVERS, se levant.

Une conquête nouvelle!
Vrai Dieu! c'est différent!. et je cours auprès d'elle,
Au moins par curiosité.
(A ses convives.)
Daignez, messieurs, m'excuser, je vous prie.
Et, fidèles à la gaîté,
Continuez sans moi cette joyeuse orgie,
Que l'amour a troublée et, si j'en puis juger,
Que l'amitié bientôt reviendra partager.

(Il sort par le fond avec le valet. Tous les convives le suivent quelques pas, puis redescendent le théâtre, se regardent entre eux et commencent à demi-voix le chœur suivant.)

SCÈNE V.

LES MÊMES, excepté DE NEVERS.

ENSEMBLE.

CHOEUR.

TOUS LES CONVIVES.

L'aventure est singulière ;
Tout lui cède, et, sûr de plaire,
Son destin est des plus beaux.
Du silence! Il faut nous taire!
Mais de ce galant mystère
Que ne suis-je le héros!

MARCEL.

Dieu puissant! que je révère
Pourrais-tu voir sans colère
De semblables attentats?
De cette jeunesse impie
Voilà donc quelle est la vie!
Et ton bras ne tonne pas!

TAVANNES.

Mais quelle est donc cette belle?

COSSÉ.

Je voudrais bien le savoir!

DE RETZ.

Ne peut-on s'approcher d'elle?

THORÉ.

Ne peut-on l'apercevoir?

TAVANNES.

J'en sais un moyen peut-être,
Et qui n'offre aucun danger;
(Montrant à gauche.)
Vous voyez cette fenêtre
Que ferme un rideau léger:
Par là, sur son oratoire
On a vue.

TOUS, voulant y courir.

Ah! quel bonheur!

TAVANNES, les retenant.

Du projet je suis l'auteur,
Et j'en dois avoir la gloire!
(Il court près de la croisée et tire le rideau.)

TOUS.

Eh bien donc?

TAVANNES.

Je l'aperçois.

TOUS.

Est-elle bien?

TAVANNES.

Elle est charmante.

COSSÉ, prenant sa place.

C'est à mon tour.

DE RETZ ET LES AUTRES, s'approchant.

Ah! je la vois!

THORÉ.

Attraits divins!

MÉRU.

Taille élégante!

TAVANNES.

La connais-tu?

MÉRU.

Non pas.

DE RETZ.

Ni moi.

TOUS.

Ni moi, ni moi, ni moi.
Mais que de charmes, de jeunesse!
Et que de Nevers est heureux
D'avoir une telle maîtresse!

TAVANNES, à Raoul.

Eh quoi! vous seul n'êtes pas curieux!
Craignez-vous donc qu'un tel aspect ne blesse
D'un chaste huguenot le cœur religieux?

RAOUL, souriant et se dirigeant vers la fenêtre.

Vous nous jugez trop bien, et la preuve...
(Regardant.)
Ah! grands dieux!

TOUS.

Qu'a-t-il donc?

RAOUL, vivement à Marcel.

Cette fille, et si jeune et si belle,
Que mon bras a sauvée et dont je leur parlais...

MARCEL.

Eh bien donc? achevez!

RAOUL.

C'est elle!
C'est elle! je la reconnais!

ENSEMBLE.

(Reprise du premier chœur.)

TOUS, entre eux et souriant.

L'aventure est plus piquante;
La rencontre est amusante;
Voilà celle qu'il aimait!
Pauvre amant! Dans son ivresse,
Il croyait à sa sagesse,
Dont un autre a le secret.

MARCEL.

Dieu puissant, que je révère,
Pourrais-tu voir sans colère
De semblables attentats?
La perfide! la traîtresse!
Se jouant de sa tendresse!
Et ton bras ne tonne pas!

RAOUL.

D'une injure aussi sanglante
La douleur est accablante!
C'est oser trop m'outrager!
La perfide! oui, je l'ai vue,
Pour un autre elle est venue;
Le mépris doit m'en venger!

TOUS, s'approchant de Raoul et riant.

Quelle folie!
Femme jolie
Ici t'oublie!
Point de courroux!
Lorsque les belles
Sont infidèles,
Faisons comme elles,
Consolons-nous!

TAVANNES, DE RETZ et COSSÉ.

Point de tristesse!
Qu'une maîtresse,
Moi, me délaisse,
Eh bien! tant mieux!
Sans plainte aucune,
Si la fortune
Nous en prend une,
Prenons-en deux!

TOUS.

Par la folie
Que notre vie
Soit embellie!
Point de courroux!
Lorsque les belles
Sont infidèles,
Faisons comme elles,
Consolons-nous!

TOUS.

Je les entends!

RAOUL.

C'est elle!
Je veux la voir, lui dire à quel point je la hais...

TOUS, le retenant.

A l'hospitalité fidèle,
Du maître du château respectez les secrets.

SCÈNE VI

LES PRÉCÉDENTS, différemment groupés et se retirant à l'écart sur les deux côtés du théâtre.

(On voit au fond, dans les jardins, passer le comte de Nevers tenant par la main une dame voilée qu'il salue respectueusement et qui s'éloigne.)

DE NEVERS, entrant sur le théâtre en rêvant et sans apercevoir les autres convives, qui se retirent derrière lui à mesure qu'il avance.

Il faut rompre l'hymen qui pour moi s'apprêtait!..
A sa fille d'honneur la reine Marguerite
A conseillé cette étrange visite...
Et c'est ma fiancée... ici même... en secret,
Qui vient me supplier de rompre un mariage
Auquel l'ordre d'un père et l'oblige et l'engage!
Chevalier généreux, j'en ai fait le serment;
Mais de dépit... au fond du cœur j'enrage!

(Pendant cet aparté tous les convives se sont approchés doucement de de Nevers, qu'ils entourent et qu'ils saluent en riant.)

CHOEUR, à de Nevers, qu'il salue.

Honneur au conquérant
Dont le tendre ascendant,
Dont le pouvoir galant
Soumet toutes les belles!
Il règne en tous les cœurs,
Et pour lui, sans rigueurs,
L'amour n'a que des fleurs
Et des palmes nouvelles!

DE NEVERS, à part.

Leurs compliments arrivent bien!
De mon dépit tâchons qu'on n'aperçoive rien!
(Haut.)
Je n'ai pas, mes amis, mérité tant de gloire,
Et mon bonheur n'est pas si grand qu'on pourrait croire.

RAOUL, à Marcel.

A leur air insolent
Moi seul en ce moment
Je dois pour châtiment
Une leçon nouvelle.
Oui, ce discours railleur
Excite ma fureur.
(Aux convives.)
Et c'est à votre honneur
Que mon bras en appelle!

TOUS, s'adressant à Raoul.

Honneur au conquérant
Dont le pouvoir galant,
Dont le tendre ascendant
Soumet toutes les belles.
Il règne en tous les cœurs,
Et pour lui, sans rigueurs,
L'amour n'a que des fleurs
Et des palmes nouvelles!

SCÈNE VII.

LES PRÉCÉDENTS; URBAIN, paraissant au fond du théâtre.

DE NEVERS.

Eh! mais, que veut ce gentil cavalier?
En ce château que cherchez-vous, beau page?

URBAIN.

Salut! beau cavalier!

CAVATINE.

Une dame noble et sage,
Et dont les rois seraient jaloux,
M'a chargé de ce message
Pour l'un de vous.
Sans qu'on la nomme,
Honneur ici
Au gentilhomme
Qu'elle a choisi!
L'on peut m'en croire,
Oui, nul seigneur
N'eut tant de gloire
Ni de bonheur!

DE NEVERS, nonchalamment.

Trop de mérite aussi quelquefois importune;
Mais puisque enfin, mes chers amis,
On ne peut se soustraire aux coups de la fortune,
(A Urbain, tendant la main.)
Donne donc!

URBAIN.

Seriez-vous sir Raoul de Nangis?

DE NEVERS.

Que dis-tu?

URBAIN.

C'est à lui que ce billet s'adresse.

TOUS.

Ah! grand Dieu!

MARCEL, avec fierté.

C'est mon maître; il est là, le voici!

RAOUL.

Qui? moi? c'est une erreur : je ne connais ici
Personne dont le cœur à mon sort s'intéresse.

URBAIN, souriant.

C'est pour vous, cependant.

RAOUL, lisant après avoir rompu le cachet.

« Vers le milieu du jour,
« On viendra vous chercher en ce riant séjour;
« Alors, les yeux voilés, discret et sans rien dire,
« Obéissez et laissez-vous conduire.
« Raoul, l'oserez-vous? » Allons, à mes dépens
Je vois que l'on veut rire.
Il en peut coûter cher... eh bien ! soit... j'y consens.

(A Nevers, lui donnant le billet.)

Lisez vous-même.

(Ils se rassemblent tous en groupe.)

DE NEVERS, jetant les yeux sur la lettre et la passant à Tavannes.

Ah ! grands dieux !

TAVANNES, de même la passant à de Retz.

O surprise !

DE RETZ, de même la passant à Cossé.

Son cachet !

COSSÉ, de même la passant à Thoré.

Sa devise !

THORÉ, de même la passant à Méru.

Est-il vrai?

MÉRU.

C'est sa main!

TOUS, regardant Raoul.

Son bonheur est certain.

TAVANNES, bas aux autres.

Oui, c'est bien la sœur de nos rois,
C'est Marguerite de Valois
Qui le distingue et le préfère.

DE NEVERS, bas.

Mais il ignore ce bonheur,
Et prudemment, sur mon honneur,
Taisons-nous sur un tel mystère!

(Passant près de Raoul et lui prenant la main.)

Vous savez si je suis un ami sûr et tendre!

TAVANNES, de même.

S'il fallait vous servir...

COSSÉ.

S'il fallait vous défendre...

DE RETZ.

De nous et de nos bras vous pouvez tout attendre.

DE NEVERS et LES AUTRES.

Vous ne l'oublierez pas, vous me l'avez promis.

RAOUL et MARCEL, tout étonnés.

Eh! mais, quel changement! je n'y puis rien com- [prendre.

DE NEVERS et TAVANNES.

A nous, à votre tour, plus tard vous penserez.

RAOUL.

Et que puis-je? grand Dieu!

DE NEVERS et TAVANNES, mystérieusement.

Tout ce que vous voudrez.

ENSEMBLE.

URBAIN, DE NEVERS, TAVANNES, COSSÉ, DE RETZ et THORÉ.

Les plaisirs, les honneurs, l'opulence,
De vos vœux combleront l'espérance.
De l'audace! et toujours la puissance
Est de droit à qui sait la saisir.

RAOUL, avec étonnement et à demi-voix.

Les plaisirs, les honneurs, l'opulence,
De mes vœux combleront l'espérance!
Sur mon sort d'où vient donc leur science?
En honneur, je n'en puis revenir!

MARCEL, à demi-voix.

Quoi! pour lui les honneurs, la puissance,
Combleraient enfin mon espérance?
De leur ton voyez la différence!
En honneur, je n'en puis revenir!

TOUS.

Ah! pour vous quelle gloire nouvelle!
Dans ce jour la beauté vous appelle,
Le bonheur est de vivre pour elle,
Et pour elle il est beau de mourir!

(Des hommes masqués paraissent au fond du théâtre. Un des hommes montre à Raoul un bandeau qu'il tient à la main. Marcel veut en vain retenir son maître, que le jeune page entraîne. — La toile tombe.)

ACTE SECOND.

Le théâtre représente le château et les jardins de Chenonceaux, à trois lieues d'Amboise. Le château de chenonceaux est bâti sur un pont (en perspective) Le fleuve serpente en lignes courbes jusque sur le milieu du théâtre, disparaissant de temps en temps derrière des touffes d'arbres verts. A droite, un large escalier en pierre par lequel on descend du château dans les jardins. — Au lever du rideau, Marguerite est entourée de ses femmes; elle vient d'achever sa toilette, et Urbain, son page, à genoux devant elle, tient encore le miroir dans lequel elle vient de se regarder.

SCÈNE I.

MARGUERITE, URBAIN, DEMOISELLES D'HONNEUR.

MARGUERITE.

AIR.

O beau pays de la Touraine!
Riants jardins, verte fontaine,
Ruisseau qui murmures à peine,
Que sur tes bords j'aime à rêver!
Belles forêts, sombre feuillage,
Cachez-moi bien sous votre ombrage,
Et que la foudre ou que l'orage

Jusqu'a moi ne puisse arriver!
Que Luther ou Calvin ensanglantent la terre
De leurs débats religieux;
Des ministres du ciel que la morale austère
Nous épouvante au nom des cieux;
Raison austère,
Humeur sévère
Ne régnent guère
Dans notre cour!
Sous mon empire
On ne respire
Que pour sourire
Au dieu d'Amour.

CHOEUR.

Sombre folie,
Ou pruderie,
Soyez bannie
De ce séjour!
Sous son empire,
On ne respire
Que pour sourire
Au dieu d'Amour!

MARGUERITE.

Oui, je veux chaque jour
Aux échos d'alentour
Redire nos refrains d'amour:
Écoutez... écoutez... les échos d'alentour
Ont appris nos refrains d'amour.

(L'orchestre imite l'écho dont Marguerite répète les sons.)

Amour!... amour!...
Oui, déja la fauvette
Dans les airs le répète,
Et des tendres ramiers les sons mélodieux
Se perdent en mourant sur les flots amoureux.
Sombre folie,
Ou pruderie,
Soyez bannie
De notre cour!
Sous notre empire,
On ne respire
Que pour sourire
Au dieu d'Amour.
A ce mot seul s'anime et renaît la nature,
Les oiseaux l'ont redit sous l'épaisse verdure;
Le ruisseau le répète avec un doux murmure;
Les ondes, la terre et les cieux
Redisent nos chants amoureux.

URBAIN, à part, la regardant et soupirant.

Que notre reine est belle, hélas! et quel dommage!

MARGUERITE.

Eh! de quoi te plains-tu?

URBAIN.

De n'être rien — qu'un page!
Page discret, et fidèle, et soumis!

MARGUERITE, souriant et montrant ses demoiselles d'honneur.

De ces dames pourtant ce n'est pas là l'avis!

URBAIN, vivement.

Ah! madame!

MARGUERITE, s'asseyant nonchalamment.

Tais-toi! — La journée est brûlante,
Et du soleil d'août la chaleur accablante!
(A ses femmes.)
Sous ce riant feuillage, et dans le sein des eaux
Dont le Cher embellit les bords de Chenonceaux,
Nous irons, quand du jour s'amortira l'ardeur,
D'un bain délicieux savourer la fraîcheur.
Allez, disposez tout.

(Les femmes sortent toutes par la gauche, et au haut du grand escalier, à droite, on voit paraître Valentine.)

MARGUERITE, à Urbain.

Qui vient là, je vous prie?

URBAIN.

De vos demoiselles d'honneur
La plus jeune et la plus jolie.

MARGUERITE.

C'est Valentine!

SCÈNE II.

Les Précédents, VALENTINE.

MARGUERITE.

Approche sans frayeur.

URBAIN.

A la cour arrivée à peine,
Déja de notre souveraine
Elle est la favorite!

MARGUERITE.

Oui, je l'ai vu gémir,
Et les pleurs ont toujours le don de m'attendrir.

URBAIN, à part.

Ah!... je ne rirai plus.

MARGUERITE, à Valentine.

Ma fille, allons, courage!
Dis-moi le résultat de ton hardi voyage.

VALENTINE.

Le comte de Nevers sur l'honneur a promis
De refuser ma main.

MARGUERITE.

Alors tout est facile,
Et je te réponds, moi.... sans être bien habile,
Qu'un autre hymen bientôt...

VALENTINE, troublée.

O ciel!

MARGUERITE, souriant.

Quoi! tu roug[is]
(Valentine baisse les yeux.)
Ah! tu l'aimes donc bien!... et pourquoi t'en défen[dre]
Mérite-t-il du moins un intérêt si tendre?
Mon beau page, toi qui l'as vu,
Réponds pour elle, qu'en dis-tu?

URBAIN.

Autant que chevalier de France
Il a l'air noble et généreux.

MARGUERITE.

L'un pour l'autre le ciel vous a faits tous les deux.

VALENTINE.

Non, madame, le ciel proscrit cette alliance:
Nos cultes sont différents.

MARGUERITE.

Oh! l'amour ne connaît ni les dieux ni les rangs.

URBAIN, regardant Marguerite.

Quoi! l'amour ne connaît ni les dieux ni les rangs?

MARGUERITE.

Et pour moi catholique... un hymen se prépare,
(C'est un secret)... avec Henri, roi de Navarre,
Un des chefs protestants.

URBAIN, avec douleur.

Oh ciel! pour vous, madame, un hymen se prépare!

MARGUERITE, le regardant.

Qu'avez-vous donc?

URBAIN, soupirant.

Moi? rien.

MARGUERITE, avec intérêt.

(A [illegible])

Pauvre Urbain! Et [illegible]
Que votre hymen se fasse en même temps

VALENTINE.

Oh! c'est impossible... et mon père?

MARGUERITE.

Je l'ai vu, je dois croire à ses nobles serments.

VALENTINE, timidement.

Oui. — Mais Raoul?

MARGUERITE.

Eh bien! ma chère,
Il va venir.

VALENTINE, effrayée.

O ciel! jamais je n'oserai...

MARGUERITE, souriant.

(Gaîment.)

Vraiment... jamais? Alors c'est moi qui le verrai.

SCÈNE III.

Les Précédents; les Demoiselles d'honneur qui reviennent.

UNE DAME D'HONNEUR.

Venez sous ces épais ombrages
Chercher un doux abri contre un soleil brûlant.
Le fleuve fortuné qui baigne ces rivages
Vous offre de ses eaux le rempart transparent.

CHOEUR.

Jeunes beautés, sous ce feuillage
Qui vous présente un doux ombrage,
Bravez le jour et la chaleur.
Voyez ce ruisseau qui murmure,
Et dans le sein d'une onde pure
Cherchez le calme et la fraîcheur.

MARGUERITE, remerciant les femmes empressées autour d'elle.

C'est bien, c'est bien, et de vos soins fidèles...

(retournant et apercevant Urbain qui est pensif et immobile devant elle.)

! que faites-vous là, maître Urbain?

URBAIN.

J'attendais
ordres de madame.

MARGUERITE.

Et moi qui l'oubliais!...

Je le confondais presque avec ces demoiselles.
Sortez, beau page, et sur-le-champ.

URBAIN.

Quel ennui de sortir dans un pareil moment!

(Il sort en retournant plusieurs fois la tête.)

CHOEUR.

Jeunes beautés, sous ce feuillage,
Qui vous offre un discret ombrage,
Bravez le jour et la chaleur.
Voyez ce ruisseau qui murmure,
Et dans le sein d'une onde pure
Cherchez le calme et la fraîcheur.

(Pendant ce chœur toutes les jeunes filles s'occupent de leur toilette de bain. Plusieurs, qui sont déjà prêtes, paraissent en peignoirs de gaze, et, avant de se plonger dans l'eau, dansent, jouent, courent les unes après les autres et forment différents groupes. — Divertissement que la reine contemple en souriant, nonchalamment étendue sur un banc de verdure. — D'autres jeunes filles ont disparu derrière les touffes d'arbres du fond, et on les voit un instant après se baigner dans le Cher qui forme sur le théâtre différentes sinuosités.)

CHOEUR et AIR DE BALLET.

Jeunes beautés, sous ce feuillage
Qui vous offre un discret ombrage,
Bravez le jour et la chaleur.
Etc..., etc...

(En ce moment Urbain paraît au milieu des groupes que forment les jeunes filles.)

MARGUERITE, l'apercevant.

Encore! et quelle audace! Urbain!...

URBAIN, timidement.

Ce n'est pas moi;

(Entrant.)

C'est un beau chevalier que vers vous on amène.

(Valentine et toutes les jeunes filles effrayées se groupent en désordre auprès de la reine.)

MARGUERITE.

Un chevalier!

URBAIN.

Mais calmez votre effroi:
Docile aux ordres de la reine,
Un voile épais couvre ses yeux.

MARGUERITE, à Valentine.

C'est Raoul de Nangis.

URBAIN.

Héros mystérieux,
Qui ne sait pas encore en quel piège on l'entraîne.

MARGUERITE.

A merveille,... c'est lui,... tout sourit à mes vœux.

VALENTINE.

Ah! fuyons ses regards!

MARGUERITE, la retenant.

Non.... reste!... je le veux!

SCÈNE IV.

Les Précédents; RAOUL, que l'on amène avec un bandeau sur les yeux et qui descend du grand escalier à droite.

(Toutes les jeunes filles le montrent du doigt ou viennent doucement et sur la pointe des pieds le regarder, et s'enfuient; d'autres s'approchent et l'entourent.)

CHOEUR, à demi-voix.

Le voici! du silence!

En tremblant il s'avance,
Et peut-être il a peur.
C'est charmant ! quel bonheur !
Sous ce voile léger
S'il savait quel danger
Le menace en ces lieux,
Il serait trop heureux !
Mais la foi du serment
Contre lui nous défend,
Et gaîment nous soustrait
A son œil indiscret.

URBAIN, pendant ce temps regardant non pas Raoul, mais la reine et le groupe de jeunes filles.

Grace à lui l'ou m'oublie, et je puis en ces lieux
(Montrant les jeunes filles.)
Contempler les dangers qu'on dérobe à ses yeux.

MARGUERITE, montrant Raoul, et faisant signe à tout le monde de s'éloigner.

Il faut que je lui parle ;... allez, et laissez-nous

URBAIN, regardant Raoul.

Ah ! d'un pareil destin qui ne serait jaloux !

CHOEUR.

Oui, partons en silence;
Son cœur tremble d'avance,
Et peut-être il a peur.
C'est charmant ! quel bonheur !
Sous ce voile léger
S'il savait quel danger
Le menace en ces lieux,
Il serait trop heureux !
Mais la foi du serment
(Montrant Marguerite.)
Contre lui la défend,
Et gaîment la soustrait
A son œil indiscret.
(Tout le monde sort.)

SCÈNE V.

MARGUERITE; RAOUL, ayant toujours un bandeau sur les yeux.

MARGUERITE.

Pareille loyauté mérite récompense.
Nous sommes seuls, beau chevalier,
Et je veux bien, dans ma clémence,
De vos serments vous delier.
Ôtez ce voile !

RAOUL, arrachant le bandeau et regardant autour de lui.

O ciel ! où suis-je?
De mes yeux éblouis n'est-ce pas un prestige?

DUO.

Beauté divine, enchanteresse,
O vous qui régnez en ces lieux,
Répondez, mortelle ou déesse,
Suis-je sur terre ou dans les cieux?

MARGUERITE, le regardant.

Ah ! de l'objet de sa tendresse
Je conçois le trouble amoureux ;
Il est fort bien ; reine ou princesse
En aucun temps n'eût choisi mieux.

RAOUL.

Ah ! je ne sais à votre vue
Quel charme subjugue mon cœur !

MARGUERITE, à part.

Vraiment ! — et sans être connue,
Pour une reine c'est flatteur !

RAOUL, s'animant.

D'un chevalier fidèle acceptez le servage.

MARGUERITE, souriant.

De son obéissance il me faudrait un gage.

RAOUL.

Ah ! je le jure à vos genoux,
A vos ordres soumis, parlez, je suis à vous ;
Vos vœux, je les remplirai tous.

MARGUERITE, s'arrêtant et le regardant en hésitant un peu

Ah !... Ah !...
(A part.)
Si j'étais coquette,
Pareille conquête
Serait bientôt faite ;
Mais, non !... et je doi,
Alors que sa belle
Compte sur mon zèle,
Lui plaire pour elle
Et non pas pour moi !

RAOUL.

Oui, cette conquête
Va par sa défaite
Punir la coquette
Qui trahit ma foi.
Une ardeur nouvelle
M'enflamme pour elle,
Et mon cœur fidèle
Vivra sous sa loi.

RAOUL, avec chaleur.

A vous et ma vie et mon ame !
A vous mon épée et mon bras !
Pour son dieu, l'honneur et sa dame,
Heureux qui brave le trépas !

MARGUERITE.

J'aime cette ardeur qui l'enflamme ;
Mais calmez-vous, car mes seuls vœux
Sont ici de vous rendre heureux.

RAOUL, étonné.

Que dites-vous?

MARGUERITE.

Tels sont mes ordres rigoureux ;
Mais il faut m'obéir.

RAOUL.

Je le jure, madame.

MARGUERITE, avec satisfaction.

C'est bien, c'est tout ce que je veux;
(A part, le regardant avec un léger soupir.)
Ah !...
Si j'étais coquette,
Pareille conquête

Serait bientôt faite ;
Mais, non!... et je dois ;
Alors que sa belle
Compte sur mon zèle,
Lui plaire pour elle,
Et non pas pour moi!

RAOUL.

Oui, cette conquête
Va par sa défaite
Punir la coquette
Qui trahit ma foi.
Une ardeur nouvelle
M'enflamme pour elle,
Et mon cœur fidèle
Vivra sous sa loi.

SCÈNE VI.

LES PRÉCÉDENTS, URBAIN.

URBAIN.

Madame!

MARGUERITE, avec impatience.

Allons! il est dit que ce page
Doit aujourd'hui toujours me déranger.

URBAIN.

Pardon!
Les seigneurs du pays, par vos ordres, dit-on,
Appelés en ces lieux, viennent pour rendre hom-
A votre majesté. [mage

RAOUL, étonné et s'éloignant de Marguerite avec effroi et respect.

Ciel!

MARGUERITE, se rapprochant de lui, lui dit avec douceur :

C'est la vérité.

(Regardant en riant son air interdit.)

Eh bien! qu'est devenue une ardeur aussi belle?
Songez à vos serments;... ce mot de majesté
Vous a-t-il dispensé déjà d'être fidèle?

RAOUL.

Jamais!

MARGUERITE.

Vous promettez de m'obéir... eh bien!
Je veux former pour vous un illustre lien.
De ma mère et du roi les desseins politiques
Veulent aux protestants unir les catholiques.
Et je sers leurs efforts en vous donnant ici
Une riche héritière, aimable, et seule fille
Du comte de Saint-Bris, votre ancien ennemi.
Je l'ai fait pressentir; il consent, et c'est lui
Qui veut bien, oubliant ses haines de famille,
Venir à vous.

RAOUL.

Qui? lui?

MARGUERITE, avec dignité.

Songez à votre tour
Que j'ai votre serment, et l'ordre que je donne...

RAOUL, s'inclinant.

J'obéirai.

MARGUERITE.

C'est bien. A ce prix, à ma cour
Je vous attache ainsi qu'à ma personne.

RAOUL, baisant sa main qu'elle lui présente.

C'est trop de bontés!

URBAIN, soupirant.

Oui, trop bonne, je le voi,
Pour tout le monde, hormis pour moi.

SCÈNE VII.

LES PRÉCÉDENTS, SEIGNEURS et DAMES, LE COMTE DE SAINT-BRIS, LE COMTE DE NEVERS, QUELQUES SEIGNEURS PROTESTANTS, TÉLIGNY, DAMVILLE, DE GUERCHY, et les DEMOISELLES D'HONNEUR DE LA REINE.

CHOEUR, saluant Marguerite.

Honneur à la plus belle!
Quand elle nous appelle,
Hâtons-nous d'accourir.
Sa voix s'est fait entendre ;
Et près d'elle se rendre,
C'est voler au plaisir.

MARGUERITE, montrant Raoul et s'adressant à tous les seigneurs.

Oui, d'un heureux hymen préparé par mes soins
J'ai désiré, messieurs, que vous fussiez témoins.

(Pendant la reprise du chœur suivant, elle présente Raoul aux comtes de Saint-Bris et de Nevers; ceux-ci, les yeux fixés sur la reine, lui font bon accueil et lui tendent la main.)

CHOEUR.

Honneur à la plus belle!
Quand elle nous appelle,
Hâtons-nous d'accourir.
Sa voix s'est fait entendre ;
Et près d'elle se rendre,
C'est voler au plaisir.

(A la fin du chœur, entre Marcel, qui parle bas à l'oreille de Raoul.)

MARCEL.

Ah! qu'est-ce que j'apprends! vous avez recherché
La main d'une Madianite?

RAOUL.

Tais-toi!...

MARCEL.

Dans ses jardins le serpent d'Ève habite,
Et sa maison est celle du péché...

(Raoul l'interrompt et lui fait signe de se taire. — Un valet en courrier et aux livrées de la cour a remis à Marguerite plusieurs papiers qu'elle lit. — Puis elle s'approche de Saint-Bris et de de Nevers, et leur montrant un ordre qu'elle leur donne.)

MARGUERITE, bas à Saint-Bris et à Nevers.

Mon frère Charles Neuf, qui connaît votre zèle,
Tous les deux, à Paris, dès ce soir vous rappelle,
Pour un vaste projet que j'ignore.

DE NEVERS et SAINT-BRIS.

A sa loi
Nous nous soumettons.

MARGUERITE.

Oui! mais d'abord à la mienne
Il vous faut obéir, et je veux devant moi
Que, grace à cet hymen, abjurant toute haine
Vous prononciez tous trois, comme aux pieds des [autels,
D'une éternelle paix les serments solennels.

RAOUL, SAINT-BRIS, DE NEVERS, étendant la main.

Par l'honneur, par le nom que portaient mes an-[cêtres,
Par le roi, par ce fer à mon bras confié,
Par le Dieu qui connaît et qui punit les traîtres,
Devant vous nous jurons éternelle amitié.

RAOUL.

Si l'un de nous ose y porter atteinte...

SAINT-BRIS.

Que le poignard venge sa trahison!

DE NEVERS.

Oui, de son sang que la terre soit teinte!

SAINT-BRIS.

Qu'il n'ait de nous ni trêve ni pardon!

LE CHOEUR répète.

Par l'honneur, par le nom que portaient mes an-[cêtres, etc., etc.

MARGUERITE, gaîment à Raoul.

Et maintenant à votre vue
Je dois offrir
Votre charmante prétendue,
Qui rendra vos serments faciles à tenir.

(Elle fait signe à quelques demoiselles d'honneur qui sortent.)

SCÈNE VIII.

Les Précédents; VALENTINE, couverte d'un voile blanc et amenée par plusieurs demoiselles d'honneur.

MARGUERITE.

Votre compagne, la voilà;
Et des mains de son père, ici recevez-la.

(Saint-Bris a pris la main de Valentine et l'amène à Raoul, qui la regarde.)

RAOUL.

Ah! grand Dieu! qu'ai-je vu?

MARGUERITE.

Qu'avez-vous?

RAOUL.

Quoi! c'est elle
Que m'offraient en ce jour...

MARGUERITE.

Et l'hymen et l'amour.

RAOUL.

Quoi! c'est là, dites-vous, ma compagne fidèle?
Trahison! perfidie!

TOUS.

Ah! grand Dieu! quel transport!

RAOUL.

Moi, son époux?... jamais!

MARGUERITE et VALENTINE.

O ciel!

RAOUL.

Plutôt la mort!

ENSEMBLE.

SAINT-BRIS et DE NEVERS.

Ah! je tremble et frémis et de honte et de rage:
C'est à moi d'immoler l'ennemi qui m'outrage:
C'est son sang qu'il me faut, en ma juste fureur,
Pour punir son affront et venger mon honneur.

VALENTINE.

Et comment ai-je donc mérité cet outrage!
Dans mon cœur éperdu s'est glacé mon courage,
Il faut perdre à-la-fois son amour et l'honneur.
Et pour moi désormais plus d'espoir, de bonheur.

RAOUL.

Trahison! perfidie! à ce point l'on m'outrage!
Je repousse à jamais un honteux mariage.
Plus d'hymen, je l'ai dit, et, fidèle à l'honneur,
Je me ris désormais de leur vaine fureur.

MARGUERITE.

O transport! ô démence! et d'où vient cet outrage?
A briser de tels nœuds quel délire l'engage?
Et d'un autre penchant le pouvoir séducteur
Viendrait-il tout-à-coup s'emparer de son cœur?

MARCEL.

Oui, mon cœur applaudit à son noble courage:
Il repousse à jamais un fatal mariage.
A son culte fidèle, et fidèle à l'honneur,
Je me ris maintenant de leur vaine fureur.

CHOEUR GÉNÉRAL.

O transport! ô délire! et d'où vient cet outrage?
Et pourquoi rompre ainsi le serment qui l'engage?
Cet affront veut du sang;

(Montrant Saint-Bris.)

Et sa juste fureur
Doit punir un perfide et venger son honneur.

MARGUERITE, à Raoul.

Un semblable refus...

RAOUL.

N'est que trop légitime.

MARGUERITE.

Dites m'en la raison.

RAOUL.

Je ne le puis sans crime

VALENTINE.

Qu'ai-je fait?

RAOUL.

Par égard je veux me taire encor;
Mais cet hymen...

MARGUERITE, avec colère.

Raoul!

RAOUL.

Disposez de mon sort;
Mais je l'ai dit: jamais! jamais!... plutôt la mort

ENSEMBLE.

DE NEVERS et SAINT-BRIS.

C'en est trop! je frémis de colère et de rage, etc.

VALENTINE.

Et comment ai-je donc mérité cet outrage! etc.

RAOUL.

Trahison! perfidie! à ce point l'on m'outrage! etc.

MARGUERITE.

O transport! ô démence! et d'où vient cet outrage? [etc.

MARCEL.

Oui, mon cœur applaudit à son noble courage: etc.

CHOEUR GÉNÉRAL.

O transport! ô délire! et d'où vient cet outrage? etc.

DE NEVERS et SAINT BRIS, à Raoul qui s'apprête à les suivre.

Sortons! sortons! qu'il tombe sous nos coups!

RAOUL.

D'un tel honneur mon cœur est plus jaloux.

MARGUERITE.

Arrêtez! devant moi quelle insulte nouvelle!
(Faisant signe à un des officiers de désarmer Raoul.)
Vous, Raoul, votre épée.
(A Saint-Bris et de Nevers.)
Et vous, oubliez-vous
Qu'à l'instant près de lui votre roi vous rappelle?

RAOUL.

Je les suivrai.

MARGUERITE.

Non pas! près de moi, dans ces lieux
Vous resterez.

SAINT-BRIS.

Le lâche est trop heureux
(Montrant la reine.)
Que cette main royale ait un tel privilége!

RAOUL.

En désarmant mon bras c'est vous qu'elle protége,
Et peut-être trop tôt je serai près de vous.

MARGUERITE.

Téméraires! tous deux redoutez mon courroux.

SAINT-BRIS.

C'est en vain qu'on prétend enchaîner mon cou-
Je saurai retrouver l'ennemi qui m'outrage. [rage;
(Prenant la main de Valentine.)
Viens, partons, c'est à moi, dans ma juste fureur,
A punir son offense, à venger notre honneur!

RAOUL.

Vainement l'on prétend retenir mon courage,
Je saurai retrouver l'ennemi qui m'outrage.
Oui, plus tard je saurai par ma seule valeur
Repousser son offense et venger mon honneur!

ENSEMBLE.

VALENTINE.

Dieu puissant! ai-je donc mérité, etc.

MARGUERITE.

O transport! ô délire! et d'où vient, etc.

MARCEL.

Oui, mon cœur applaudit à son noble courage: etc.

CHOEUR GÉNÉRAL.

O transport! ô délire! et d'où vient cet outrage?
Partons, partons, éloignons-nous, [etc.
Rien ne pourra le soustraire à nos coups!

(Saint-Bris et de Nevers entraînent Valentine à moitié évanouie et sortent en défiant Raoul, qui veut les suivre, et que retiennent les soldats de la reine. Tout le monde se sépare dans le plus grand désordre. La toile tombe.)

ACTE TROISIÈME.

Le théâtre représente le Pré-aux-Clercs, qui s'étend jusqu'aux bords de la Seine. Au fond, et de l'autre côté de la rivière, les principaux édifices de Paris. A gauche du spectateur, sur le premier plan, un cabaret où sont assis des étudiants et des jeunes filles. A droite, un cabaret devant lequel des soldats huguenots boivent ou jouent aux dés. Sur le second plan, à gauche, l'entrée d'une chapelle. Au milieu, un arbre immense qui ombrage la prairie. — Au lever du rideau, des clercs de la basoche et des grisettes sont assis sur des chaises, et causent entre eux. D'autres se promènent ou forment différents groupes. — Ouvriers, marchands, musiciens ambulants, marionnettes, moines, bourgeois et bourgeoises. Il est six heures du soir, au mois d'août.

SCÈNE I.

CHOEUR GÉNÉRAL.

C'est le jour du dimanche,
C'est le jour du repos;
Dans une gaîté franche
Oublions nos travaux.
Sur les bords de la Seine
Et dans ces prés fleuris
Le plaisir nous amène,
Habitants de Paris.

PLUSIEURS CLERCS, à de jeunes ouvrières.

Qu'aujourd'hui l'amour nous rapproche,
Venez danser, belle aux doux yeux

LES JEUNES FILLES.

Oh! non, les clercs de la basoche
Sont, nous dit-on, trop dangereux.

CHOEUR GÉNÉRAL.

C'est le jour du dimanche,
C'est le jour du repos;
Dans une gaîté franche
Oublions nos travaux.
Sur les bords de la Seine
Et dans ces prés fleuris
Le plaisir nous amène,
Habitants de Paris.

BOIS-ROSÉ, à gauche avec ses soldats

CHANSON HUGUENOTE.

PREMIER COUPLET.

Prenant son sabre de batailles,
Qui renverse forts et murailles,
Il a dit : Soldats de la foi,
Suivez-moi !
Je suis votre vieux capitaine,
A la victoire je vous mène,
Ou je vous mène en paradis,
Mes amis!

Vive la guerre!
Buvons, ami,
A notre père,
A Coligny!

CHOEUR.

Vive la guerre!
Buvons, ami,
A notre père,
A Coligny!

BOIS-ROSÉ.

DEUXIÈME COUPLET.

En avant, braves calvinistes!
A nous les filles des papistes,
A nous richesses et butin
Et bon vin!
Ici tout appartient au brave;
Et ces vins qu'ils gardaient en cave
Pour l'autel et pour ses banquets,
Buvons-les!

Vive la guerre!
Buvons, ami,
A notre père,
A Coligny!

CHOEUR.

Vive la guerre!
Buvons, ami,
A notre père,
A Coligny!

(Dans ce moment paraît un cortége de mariage; Saint-Bris et de Nevers donnent la main à Valentine, qui, couverte d'un voile et suivie de jeunes filles, de dames et de seigneurs de la cour et des gens de sa maison, se dirige vers la chapelle à gauche.)

CHOEUR de catholiques qui s'agenouillent pendant que le cortége entre dans la chapelle.

Vierge Marie,
Soyez bénie!
Votre voix prie
Pour les pécheurs.
Reine de grâce,
Par vous s'efface
Jusqu'à la trace
De nos douleurs!

(Marcel entre par la gauche, tenant une lettre à la main.)

MARCEL, cherchant Saint-Bris au milieu du cortége.

Le seigneur de Saint-Bris?...

DES GENS DU PEUPLE.

(A Marcel, qui a son chapeau sur la tête.)

Vois ce pieux cortége;
Incline ton front.

MARCEL.

Pourquoi donc?

LES GENS DU PEUPLE.

Il le faut bien.

MARCEL.

Et pourquoi le ferais-je?
(Montrant le cortége.)
Dieu n'est pas là, je pense.

TOUS LES GENS DU PEUPLE.

Impie!

BOIS-ROSÉ et LES HUGUENOTS, se levant.

Il a raison.

CHOEUR DE JEUNES FILLES.

Vierge Marie,
Soyez bénie!
Votre voix prie
Pour les pécheurs.
Reine de grâce,
Par vous s'efface
Jusqu'à la trace
De nos douleurs!
Vierge Marie,
Soyez bénie!

(Elles entrent dans la chapelle.)

BOIS-ROSÉ et LES HUGUENOTS.

En avant, braves calvinistes!
A nous les filles des papistes,
A nous richesses et bon vin
Et butin!
Ici tout appartient au brave,
Et ces vins qu'ils gardaient en cave,
Pour l'autel et pour ses banquets,
Buvons-les!

Vive la guerre!
Buvons, ami,
A notre père,
A Coligny!

CHOEUR DU PEUPLE, regardant les huguenots avec indignation.

Ah! les profanes, les impies!
Dont les ames sont endurcies!
Profanes! impies!
Qu'on devrait brûler en plein air,
En attendant les feux d'enfer.

(L'indignation des gens du peuple s'est augmentée. Ils regardent en les menaçant les soldats calvinistes qui boivent et qui rient de leur colère. En ce moment une ritournelle joyeuse se fait entendre; on voit paraître des bohémiens autour desquels chacun s'empresse. Plusieurs bohémiens portent des instruments de musique, et sur leurs premiers accords les clercs de la basoche invitent les jeunes filles et dansent avec elles, tandis que d'autres bohémiens chantent.)

RONDE BOHÉMIENNE.

PREMIER COUPLET.

Vous qui voulez savoir d'avance
Si le destin vous sourira,

Payez, payez, et ma science
A juste prix vous le dira.

De la Bohème
Enfants joyeux,
Le ciel lui-même
S'ouvre à nos yeux!
Beautés coquettes,
Seigneurs galants,
Jeunes fillettes,
Jeunes amants....

Vous qui voulez savoir d'avance
Si le destin vous sourira,
Payez, payez, et ma science
A juste prix vous le dira.

Honneur, richesse
Et beaux bijoux,
Fraîcheur, jeunesse,
En voulez-vous?
Vous, grandes dames
De ce pays,
Gentilles femmes
Et vieux maris....

Vous qui voulez savoir d'avance
Si le destin vous sourira,
Payez, payez, et ma science
A juste prix vous le dira.

(Ballet. Danse des bohémiens, des clercs et des grisettes. A la fin du ballet, Saint-Bris, de Nevers et Maurevert sortent de la chapelle qui est à gauche.)

DE NEVERS, à Saint-Bris.

Pour remplir un vœu solennel,
Jusqu'à ce soir au pied du saint autel
Valentine demande à rester en prière!
J'obéis! et suivi de mes nombreux amis,
Je reviendrai chercher l'épouse qui m'est chère,
Pour la conduire en pompe à mon logis.

(Il sort.)

SAINT-BRIS, le regardant sortir.

Ainsi par cet illustre et noble mariage
Des refus de Raoul je puis braver l'outrage,
Mais non pas l'oublier... et s'il s'offre à mes coups...

MARCEL, apercevant Saint-Bris et s'approchant de lui.

Mon maître m'a remis ce message pour vous.

SAINT-BRIS, avec joie.

Raoul!... il revient donc enfin!

MARCEL.

Avec la reine.
Tous les trois nous venons de quitter la Touraine.
Nous entrons dans Paris

SAINT-BRIS, lisant le billet.

Et j'en rends grâce au ciel!
(A Maurevert.)
Il m'ose défier et m'envoie un cartel.

MAUREVERT, à part avec joie.

Vraiment!

MARCEL, avec effroi.

Quel mot viens-je d'entendre?

SAINT-BRIS, à Maurevert lui montrant le billet.

Aujourd'hui même, et dans le Pré-aux-Clercs,
Quand les ombres du soir rendent ces lieux déserts,
Il viendra!

MAUREVERT.

C'est ici tantôt qu'il doit se rendre:
Un Dieu vengeur l'amène!... il n'en sortira pas!...

SAINT-BRIS, à Marcel qui s'éloigne.

(Bas à Maurevert.)

Nous l'attendrons! Cachons ce cartel à mon gendre.
Un jour d'hymen il ne doit pas
Courir la chance des combats.

MAUREVERT, à voix basse.

Ni vous non plus!... pour frapper un impie
Il est d'autres moyens que le ciel sanctifie.

SAINT-BRIS.

Que dis-tu?

MAUREVERT.

(Lui montrant la chapelle.)

Dieu le veut! Venez, et devant lui
Vous saurez le projet que l'on forme aujourd'hui.

SCÈNE II.

MAUREVERT et SAINT-BRIS rentrent dans la chapelle à gauche. Le soir arrive. — On entend une cloche et la voix des archers et des sergents du guet.

LE COUVRE-FEU.

PLUSIEURS ARCHERS.

Rentrez, habitants de Paris,
Tenez-vous clos dans vos logis;
Que tout bruit meure,
Quittez ce lieu,
Car voici l'heure
Du couvre-feu.

TOUS.

Rentrons, habitants de Paris,
Tenons-nous clos en nos logis; etc.

BOIS-ROSÉ, aux soldats protestants et à leurs femmes, montrant le cabaret à droite.

Toute la nuit, mes chers amis,
Buvons gaîment dans ce logis.
Et vous, beautés à l'œil si doux,
Venez souper, rire avec nous.

UN ÉTUDIANT, montrant aux grisettes le cabaret à gauche.

Et vous, enfants, roses d'amour,
Venez danser jusqu'au grand jour;
Mais par ici passons plutôt,
On sent par-là le huguenot.

CHOEUR GÉNÉRAL.

Que dans ce lieu
Nul ne demeure,
Car voici l'heure
Du couvre-feu.

(Toute la foule s'écoule. Bois-Rosé et les huguenots sont entrés dans le cabaret, dont les portes se referment. Les archers ont chassé devant eux tous les promeneurs. La nuit est sombre, et il n'y a plus personne sur le Pré-aux-Clercs.)

(Saint-Bris et Maurevert sortent mystérieusement de la

MAUREVERT.

C'est dit!... et vous m'avez compris!

SAINT-BRIS.

Dans une heure, en ce lieu!

MAUREVERT.

Comptez sur nos amis!

(Il sortent.)

SCÈNE III.

VALENTINE, paraissant à la porte de la chapelle.

Derrière ce pilier, cachée à tous les yeux, [affreux
Que viens-je, hélas! d'entendre... et de quel piége
Ses jours sont menacés!.. Ah! je dois l'y soustraire,
Non pas pour lui, mon Dieu! mais pour l'honneur
Et comment prévenir Raoul? [d'un père.

MARCEL, entrant par la gauche.

Je l'attendrai!
Je serai du combat, et s'il meurt, je mourrai.
On vient, c'est lui peut-être.
Est-ce vous, mon bon maître?
Qui va là?

VALENTINE.

Juste ciel!
Oui, j'ai cru reconnaître
La voix du bon Marcel.

(Appelant à demi-voix.)

Marcel!!

MARCEL.

A cette heure
Qui prononce mon nom?... Qui va là?

VALENTINE.

Viens ici.

MARCEL,

Halte-là!
Le mot d'ordre! ou qu'on meure!

VALENTINE.

Ah! Raoul!

MARCEL.

Bien cela!
Avancez!—Une femme!
Et voilée!... Ah! Seigneur!
Il y va de mon ame!

VALENTINE.

As-tu peur?

MARCEL.

Moi, Marcel!... moi, peur!...

VALENTINE.

te-moi!... Raoul en ces lieux va se rendre.

MARCEL.

vrai.

VALENTINE.

Pour un duel.

MARCEL.

C'est vrai...contre un damné,
Pour venger son honneur... Dieu saura le défendre.

VALENTINE.

Qu'il ne vienne au combat que bien accompagné.

MARCEL.

O ciel! de quels périls est-il environné?
Achève!

VALENTINE.

Je ne puis, mais tu dois me comprendre;
Qu'il ne vienne au combat que bien accompagné

MARCEL, effrayé, s'éloigne vivement.

VALENTINE, seule.

L'ingrat d'une offense mortelle
A blessé mon cœur fidèle,
Et malgré moi, son image cruelle
Règne encor dans ce cœur, objet de ses mépris.

MARCEL, rentrant et à part.

Je courais avertir mon maître et le défendre;
Insensé! j'oubliais... il n'est plus au logis!
En sortant... dans ces lieux il m'a dit de l'attendre!
Où le joindre?... et comment lui donner cet avis?
Cherchons-le!... qu'ai-je dit?... si pendant mon ab-
Contre lui d'assassins une troupe s'élance, [sence
Par le fer meurtrier assailli... sans défense...
En appelant Marcel à son aide... il mourra!
Restons... restons plutôt! mais seul... que peut mon
Mourir à ses côtés, en serviteur fidèle. [zèle?
Dieu puissant, vois mes pleurs et ma crainte mortelle,
Prends pitié d'un vieillard qui toujours t'adora!

VALENTINE, l'apercevant et courant à lui

Tu m'as compris?

MARCEL.

Un mot: — cet avis, qui le donne?

VALENTINE.

Fais-en bien ton profit.
Adieu, cela suffit.

MARCEL.

Trahison! Quelle es-tu? parle, je te l'ordonne!

VALENTINE.

Je ne le puis!

MARCEL.

Je m'attache à tes pas!
D'où vient un tel avis?

VALENTINE.

Tu ne le sauras pas!

MARCEL.

Qui donc es-tu? réponds! ou par le ciel lui-même..

VALENTINE, tremblante.

(A demi-voix.)

Grands dieux!... eh bien! je suis une femme qui
[l'aime
Qui s'expose pour lui, qui veille sur ses jours,
Et qui doit désormais l'oublier pour toujours.

MARCEL, attendri.

Vraiment?

VALENTINE.

Ah! tu ne peux éprouver ni comprendre
Ces tourments, ces combats, que nul mot ne sait
[rendre,
Où tour à tour triomphe ou l'amour ou l'honneur!

(A part.)

Pour sauver du trépas une tête si chère,
Malgré moi je trahis et l'honneur et mon père!

(Montrant l'église.)
Mais je viens de tout dire à Dieu même, et j'espère
Mon pardon de ce Dieu qui doit lire en mon cœur.

MARCEL, la regardant avec attendrissement.
Ne te repens point, noble fille,
D'un dévoûment où l'honneur brille;
Ne pleure pas; Marcel, ma fille,
Te bénit du fond du cœur.
Oui, pour toi, que je révère,
Je prierai ma vie entière:
Et d'un vieillard la prière
A toujours porté bonheur.

(Il veut encore interroger Valentine, qui s'échappe et se réfugie dans l'église.)

SCÈNE IV.

MARCEL, seul un instant.

Un danger!... sans vouloir dire lequel... alerte!
Et veillons pour sauver Benjamin de sa perte.
(Voyant venir Raoul et ses témoins.)
C'est lui!... ciel! et Judas!

SAINT-BRIS, à Raoul.
En même temps que nous
Se trouver au combat... c'est bien!

RAOUL, avec fierté.
Quoi! doutiez-vous
De mon exactitude?

MARCEL, à part, regardant Saint-Bris.
Et comment de ce traître
Déjouer les desseins?

RAOUL, l'apercevant, et lui tendant la main.
C'est Marcel!

MARCEL.
Oui, mon maître.
(A demi-voix.)
En d'autres lieux, en d'autres temps
Remettez ce combat!

RAOUL, étonné.
Est-ce toi que j'entends?

MARCEL.
Un ange est apparu, m'annonçant la tempête;
Un piége est sous vos pas.

RAOUL.
Allons... perds-tu la tête?
(Se tournant vers les témoins.)
De ce loyal combat, dont vous êtes témoins,
Réglez les lois, messieurs, je m'en fie à vos soins.

SEPTUOR.

En mon bon droit j'ai confiance.
Pour me venger de son offense
Que le fer seul juge entre nous.
Je veux raison de son outrage,
Et bonne épée et bon courage,
Chacun pour soi, le ciel pour tous.

MARCEL.
Ah! quel chagrin pour ma vieillesse!
Pleure, Marcel, Dieu nous délaisse!
Pauvre Raoul! ah! j'en frémis!
Pitié, mon Dieu! sauvez mon fils!

(Raoul et Saint-Bris restent à l'écart, l'un à droite et l'autre gauche du théâtre. Les quatre témoins s'avancent au milieu et disent à voix basse:)

LES QUATRE TÉMOINS.
Quoi qu'il advienne ou qu'il arrive
Marchant l'un sur l'autre à la fois,
A nombre égal, trois contre trois,
Jusqu'à ce que la mort s'ensuive,
Nous nous battrons.

TOUS.
C'est convenu,
C'est entendu.

LES QUATRE TÉMOINS, toujours à demi-voix.
Que nul autre que nous ne puisse
Au combat ici prendre part.

TOUS, SAINT-BRIS et RAOUL, répétant
Que nul autre que nous ne puisse
Au combat ici prendre part.

LES QUATRE TÉMOINS.
Des combattants les seules armes
Seront l'épée et le poignard.

TOUS, répétant.
Des combattants les seules armes
Seront l'épee et le poignard.

LES QUATRE TÉMOINS.
A qui tombera sous le glaive
Ni quartier, ni merci, ni trève.

TOUS, répétant.
A qui tombera sous le glaive
Ni quartier, ni merci, ni trève:
C'est convenu,
C'est entendu.

ENSEMBLE.

En mon bon droit j'ai confiance;
Pour me venger de son offense,
Que le fer seul juge entre nous.
Je veux raison de son outrage,
Et bonne épée et bon courage,
Chacun pour soi, le ciel pour tous.

(Pendant cet ensemble on a distribué des armes aux champions.)

LES QUATRE TÉMOINS.
Mesurons maintenant et le champ et les armes!

(Deux témoins mesurent les épées et les deux autres marquent une distance de sept ou huit pas.)

MARCEL, qui est à gauche du théâtre et près de Raoul.
Je sens à chaque instant redoubler mes alarmes!
Entendez-vous ces pas? — On s'avance vers nous!
Mon maître, regardez!

RAOUL, qui essaie son épée et son poignard.
Eh! laisse-moi!

MARCEL, regardant vers le fond et voyant Maurevert et quelques hommes armés.
Dans l'ombre
Je ne puis distinguer leur force ni leur nombre!
(Tirant son épée et s'avançant vers eux.)
Vous qui marchez de nuit, ici que voulez-vous?

MAUREVERT et deux hommes armés descendent à droite du théâtre et du côté de Saint-Bris.

Que t'importe?

(Marcel est descendu à gauche et se tient près de son maître l'épée à la main.)

MAUREVERT, le regardant et désignant Marcel et les trois combattants.

Que vois-je? ô ciel! et quelle perfidie!
Des huguenots dont la fureur impie
Ose à nombre inégal attaquer dans ce lieu
Un des nôtres!...

(Criant à voix haute.)

A moi, défenseurs du vrai Dieu!

(Une douzaine d'hommes armés de bâtons et d'épieux, et qui étaient en embuscade derrière le gros chêne, s'élancent et entourent Raoul et ses deux témoins. Marcel se serre contre son maître, et les quatre huguenots, adossés l'un à l'autre, cherchent à faire face aux ennemis qui les pressent de tous côtés. Au moment où ils vont succomber sous le nombre, on entend dans le cabaret à droite les soldats protestants qui chantent en chœur leur chanson de la première scène.)

Plan, rataplan, vive la guerre!
Buvons, ami,
A notre père,
A Coligny!

MARCEL, criant d'une voix forte.

Coligny!... Coligny!... défenseurs de la foi!
Accourez à mes cris! venez, défendez-moi!
Tout Israël est en émoi!

(A ces cris les portes du cabaret s'ouvrent; Maurevert et ses affidés s'enfuient effrayés derrière Saint-Bris et ses compagnons. Les soldats huguenots paraissent et entourent Marcel, qui entonne en actions de grâces le choral de Luther. — Au même instant et du cabaret à gauche sortent des clercs de la Sorbonne et de la basoche, qui accourent au bruit.)

MAUREVERT, les apercevant.

Braves étudiants... à nous!
Trahison!... accourez!

LES ÉTUDIANTS.

Oui, oui, nous voici tous.

(Les étudiants se rangent du côté des catholiques, et menacent les soldats huguenots. Ils vont en venir aux mains, lorsque les femmes ou maîtresses des huguenots et des étudiants sortent aussi des cabarets de droite et de gauche, se jettent entre les combattants, puis commencent entre elles à s'injurier et à disputer.)

ENSEMBLE.

HOMMES CATHOLIQUES.

Nous voilà! félons, arrière
Tournez bride, cavaliers!
Marmoteurs de prière,
Régiment de sorciers!
Au feu le calviniste!
Les païens au fagot!
Mort, mort à qui résiste!
Dieu le veut, il le faut!

FEMMES CATHOLIQUES.

Croyez-vous que l'on nous berne?
Vite arrière de céans!
Souper à la caserne
Avec des mécréants!
Cachez-vous, éhontées,
Bijoux de huguenot;
Nos têtes sont montées:
Gare à vous! plus un mot!

HOMMES PROTESTANTS.

Nous voilà! félons, arrière!
A vos classes, écoliers!
Rengaînez la rapière,
Soldats de bénitiers!
Au diable tout papiste!
Au diable tout bigot!
Mort, mort à qui résiste!
Dieu le veut, il le faut!

FEMMES PROTESTANTES.

Croyez-vous que l'on nous berne?
Vite arrière de céans!
Danser à la taverne
Avec des étudiants!
Taisez-vous, effrontées,
Mignonnes de cagot;
Nos têtes sont montées:
Gare à vous! plus un mot!

(Les deux troupes furieuses ont tiré leurs épées; elles s'élancent l'une sur l'autre. Les femmes effrayées s'enfuient à droite et à gauche, tombent à genoux et prient le ciel. — D'autres femmes, plus intrépides, se jettent avec leurs enfants au milieu des lances et des épées, et cherchent à arrêter les combattants qui craignent de les fouler aux pieds. — Saint-Bris et Raoul ont croisé le fer, et Marcel, qui a saisi la hache que tenait un des garçons du cabaret, est venu se placer à côté de son maître et le couvre de son corps. — En ce moment paraissent à gauche des gardes et des pages aux livrées royales; plusieurs portent des flambeaux et éclairent la reine Marguerite, qui rentre à cheval dans son palais. A l'aspect de la reine, les combattants s'arrêtent par respect et reculent devant elle.)

SCÈNE V.

LES PRÉCÉDENTS; MARGUERITE, à cheval, et suivie de SON CORTÉGE.

MARGUERITE.

Quoi! même dans Paris, sous les yeux de mon frère,
Des deux partis il faut redouter les excès!
Et je ne puis le soir rentrer dans mon palais
Sans trouver sous mes pas la discorde et la guerre!

SAINT-BRIS, à la reine, montrant Raoul et les siens.

Qui doit-on accuser?... ceux dont la trahison
Nous force à demander justice.

RAOUL, à la reine, montrant Saint-Bris.

La faute en est à lui, qui sans droit, sans raison,
Du plus lâche attentat s'est rendu le complice.

MARGUERITE.

Que dois-je croire? ô ciel! et d'un pareil soupçon
Quelles preuves?...

MARCEL, s'avançant.

Je peux vous les faire connaître.

(Montrant Saint-Bris et les siens.)

Ce sont eux qui voulaient assassiner mon maître.

SAINT-BRIS.

Qui te l'a dit?

MARGUERITE.

Et de qui le sais-tu?

MARCEL.

D'une femme, d'un ange en ces lieux descendu.

Pour déjouer leur perfidie,
Pour défendre Raoul et veiller sur sa vie!

SAINT-BRIS, montrant Marcel.

Ce vieillard a menti.
(D'un air railleur.)
Où donc est cette femme? en quels lieux?

MARCEL, se retournant et apercevant Valentine sur les marches de la chapelle.

La voici!

SCÈNE VI.

LES PRÉCÉDENTS; VALENTINE, couverte d'un voile.

TOUS, la regardant.

O surprise nouvelle!

(Valentine effrayée à la vue de tant de monde, descend les marches de la chapelle et veut se perdre dans la foule. Saint-Bris l'arrête par la main.)

SAINT-BRIS.

C'est elle qui m'accuse et dont l'œil a, dit-on,
Pour protéger Raoul, surpris ma trahison!
Je connaîtrai les traits de ce témoin fidèle.

(Valentine veut lui échapper; il la retient, lui arrache son voile et s'écrie avec effroi.)

Ma fille!

TOUS.

O ciel!

RAOUL, regardant Valentine.

Eh quoi! pour me sauver la vie
Elle aurait de son père affronté le courroux!
Et sans m'aimer!

MARGUERITE.

Elle n'aimait que vous.

VALENTINE, voulant empêcher la reine de parler.

Madame!... au nom du ciel!

RAOUL, vivement.

Et cette perfidie
Dont je fus le témoin, chez Nevers, sous mes yeux?

MARGUERITE.

Elle y venait pour rompre un hymen odieux.

RAOUL, à Valentine.

Et j'ai pu l'outrager! Grâce pour un coupable
Que l'amour égarait, que le remords accable!
(A Saint-Bris.)
Rendez-moi tous les biens que mon cœur repoussait;
Rendez-la moi!—je l'aime!—et j'attends mon arrêt!

SAINT-BRIS, avec joie et retenant Valentine qui veut parler.

Tu l'aimais donc?

RAOUL.

Toujours! et de vous seul j'implore
Sa main et mon pardon.

SAINT-BRIS, de même.

Et tu l'aimes encore?

RAOUL.

elle tous mes jours sont voués au malheur.

SAINT-BRIS.

J'aurai donc satisfait le seul vœu de mon cœur!
A mes genoux ton amour la réclame!
Eh bien donc aujourd'hui (juge de mon bonheur!)
Et depuis ce matin... d'un autre elle est la femme.

(Valentine s'éloigne et cache sa tête dans ses mains.

MARGUERITE.

Qu'entends-je!

VALENTINE, à part.

Je me meurs!

RAOUL, que la reine cherche en vain à calmer.

O comble de douleurs!

(On entend une marche joyeuse jouée par une musique lointaine.)

SAINT-BRIS.

Mais j'entends éclater des accents d'allégresse;
De l'époux triomphant le cortège s'empresse,
Appareil digne enfin des Nevers, des Saint-Bris!

(Au fond du théâtre paraît sur la rivière une grande chaloupe élégamment décorée et illuminée; elle porte des musiciens, des pages, des dames de la cour et tout le cortège de noces du comte de Nevers, qui débarque en ce moment.)

RAOUL, à part.

Ah! comment contenir ma fureur?

DE NEVERS, descendu de la chaloupe et suivi du cortège de noces.

Noble dame,
Venez près d'un époux dont l'amour vous réclame.

SAINT-BRIS.

Comte, voici la nuit, emmène en ton logis
Valentine ma fille... et ta nouvelle épouse;
Elle est à toi!

MARGUERITE, bas à Raoul.

Calmez votre fureur jalouse,
Pour son honneur, Raoul.

RAOUL.

De rage je frémis!

(Des bohémiens et bohémiennes s'approchent du comte de Nevers et de la nouvelle mariée, et, suivant l'usage du temps, leur offrent des fleurs et des gâteaux. — Le comte fait un signe à un de ses pages, qui distribue de l'or aux bohémiens. Ceux-ci témoignent leur joie par des danses, puis sortent un instant, reviennent avec des flambeaux allumés, et éclairent le cortège qu'ils escortent à droite et à gauche en dansant. — De Nevers prend la main de sa femme, et, suivi de Saint-Bris, de ses pages et de tous ses amis, il remonte le théâtre et conduit Valentine à la chaloupe qui les attend. Les musiciens font retentir les airs de joyeuses fanfares, tandis que sur le devant du théâtre se chante le final suivant.)

CHOEUR DES ÉTUDIANTS ET DES SOLDATS PROTESTANTS, se menaçant.

Plus de paix, plus de trève!
Que la lutte s'achève!
Il faudra par le glaive
Décider notre sort!
Oui, c'est trop de clémence,
C'est trop de patience
Je n'ai qu'une espérance:
La vengeance ou la mort!

CHOEUR DES AMIS DE NEVERS, pendant la

Gaité, plaisir, ivresse!
Que nos chants d'allégresse
Célèbrent leur bonheur
Du noble mariage
Qui tous deux les engage
Célébrons la splendeur!

ENSEMBLE.

RAOUL.

O désespoir! ô rage!
Un autre hymen l'engage
Au rival que je hais;
Et quand j'ai sa tendresse,
La haine vengeresse
Me l'enlève à jamais!

VALENTINE.

Plus d'espoir, de courage,
Un autre hymen m'engage
Et m'enchaîne à jamais;
Hélas! et sa tendresse
Maintenant ne me laisse
Que d'éternels regrets!

SAINT-BRIS et LES CATHOLIQUES.

J'ai satisfait ma rage:
Un autre hymen l'engage
Et l'enchaîne à jamais;
Ma vengeance lui laisse
Ses remords, sa tendresse,
Et d'éternels regrets!

MARGUERITE.

Modérez votre rage,
Et que votre courage
Calme ici vos regrets.
Plus d'espoir, de tendresse,
La haine vengeresse
Vous sépare à jamais!

DE NEVERS.

Je me ris de sa rage;
L'hymen ici m'engage
Et comble mes souhaits.
Il faut qu'à sa tendresse,
A sa belle maîtresse,
Il renonce à jamais!

PROTESTANTS.

O désespoir! ô rage!
Un autre hymen l'engage
Et l'enchaîne à jamais;
Et malgré leur tendresse,
La haine ne leur laisse
Que d'éternels regrets!

(De Nevers et son cortége viennent de remonter dans la chaloupe, qui s'éloigne au son des fanfares; les hommes et le femmes du peuple et les enfants sont montés sur les degrés de l'église à gauche, sur les bancs et les berceaux de la tonnelle du cabaret à droite, et même sur le gros chêne du milieu. — Les bohémiens et bohémiennes parcourent le théâtre en agitant leurs flambeaux et en éclairant encore de loin le cortége qui descend la rivière. — La reine Marguerite, qui vient de remonter à cheval, suivie de ses pages, de ses écuyers et des gardes-suisses du roi, continue sa marche le long du quai; et sur le devant du théâtre, à gauche, un groupe de protestants; à droite, un groupe de catholiques, se menacent de loin et se défient. — La toile tombe.)

ACTE QUATRIÈME.

Un appartement dans l'hôtel du comte de Nevers. Des portraits de famille en décorent les murs. Au fond, une grande porte et une grande croisée gothiques. A gauche du spectateur, une porte qui mène à la chambre à coucher de Valentine. A droite, une grande cheminée, et près de la cheminée l'entrée d'un cabinet fermé par une tapisserie. A droite du spectateur, et sur le premier plan, une croisée qui donne sur la rue.

SCÈNE I.

VALENTINE, assise sur un canapé.

RÉCITATIF.

suis seule chez moi! seule avec ma douleur!

e reste un instant pensive, et laisse tomber sa tête sur son sein.)

A d'éternels tourments vous m'avez condamnée,
Mon père! un autre avait mon cœur,
Et pourtant vous m'avez donnée!
Et vous que j'implorais en vain dans mon malheur,
Vous, qui avez permis, ce funeste hyménée,
Mon Dieu, daignez du moins, pour alléger mes
Chasser un souvenir fatal à mon repos! [maux,

ROMANCE.

De mon amour faut-il, triste victime,
Dans la douleur voir s'éteindre mes jours?
J'aime un ingrat et l'aimer est un crime.
J'ai pu le fuir, mais j'y pense toujours!
Hélas! du Dieu qui me contemple
En vain j'implore le secours!
Je vais priant sur les marbres du temple
Pour l'oublier, et j'y pense toujours.

SCÈNE II.

VALENTINE; RAOUL, paraissant à la porte du fond.

VALENTINE, l'apercevant.

Juste ciel!... est-ce lui, lui dont l'aspect terrible
Ainsi que le remords sans cesse me poursuit?

RAOUL, d'un air sombre.

Oui, c'est moi!... moi qui viens dans l'ombre et dans
[la nuit
Ainsi qu'un criminel dont la peine est horrible,
Et qui, las de souffrir, succombe au désespoir!

VALENTINE.

Que voulez-vous de moi?

RAOUL.

Rien... j'ai voulu vous voir
Avant que de mourir.

VALENTINE, effrayée.
Qu'entends-je? est-il possible?
Et mon père, et mon mari?

RAOUL, froidement.
Oui, je pouvais les recontrer ici,
Je le savais!

VALENTINE.
Leur cœur est inflexible;
Il vous tueraient!... Fuyez!

RAOUL.
Non, j'attendrai leurs coups.
Eh! n'est-ce rien pour moi que mourir près de vous?
Vous que j'aimais, et que l'on m'a ravie!
Vous dont j'étais aimé; vous, mon bien et ma vie,
Jamais vous ne saurez tout ce que j'ai souffert!
Quand on perd le bonheur, quand c'est vous que [l'on perd,
Il faut mourir alors!

VALENTINE.
Non! si je vous suis chère,
Non! vous ne mourrez pas; vous vivrez pour l'hon- [neur,
La gloire, la patrie, et pour qu'en ma douleur
Du bruit de vos succès je sois heureuse et fière!...

RAOUL.
Que dites-vous?

VALENTINE.
Partez, quittez ce lieu!
Je ne dois plus vous voir!

RAOUL.
Ah! quel sort est le nôtre!

VALENTINE.
Mais je prierai pour vous! oui, je prierai mon Dieu
Pour qu'il devienne aussi le vôtre,
Pour que sa voix vous touche, et qu'oubliant vos [torts,
Tous deux il nous unisse en ce séjour céleste
Où l'on peut se revoir et s'aimer sans remords.

RAOUL, écoutant.
Entendez-vous ces pas?

VALENTINE.
Fuyez!

RAOUL.
Non, non! je reste!
Et si quelques dangers...

VALENTINE, qui a été regarder au fond du théâtre.
Mon père! mon époux!
(..., d'un air suppliant.)
...oi, pour mon honneur, évitez leur courroux!
(...se cache derrière une tapisserie et dans l'embrasure de croisée qui est au fond du théâtre.)

SCÈNE III.

...OUL, caché, mais de temps en temps en vue du spectateur; VALENTINE, DE SAINT-BRIS, DE NEVERS, TAVANNES et QUELQUES AUTRES SEIGNEURS CATHOLIQUES.

SAINT-BRIS, aux seigneurs qui entrent avec lui et l'entourent.
Oui, l'ordre de la reine en ces lieux nous rassemble.
L'heure est enfin venue où je dois à vos yeux
Dévoiler des projets protégés par les cieux,
Et dès long-temps conçus par Médicis.

VALENTINE.
Je tremble!

SAINT-BRIS, à Valentine.
Ma fille, laissez-nous.

DE NEVERS, retenant par la main Valentine qui veut sortir.
Pourquoi donc?... ses vertus,
Son zèle ardent pour la foi catholique,
Permettent qu'en ces lieux devant elle on explique
De la reine et du ciel les ordres absolus.

SAINT-BRIS, s'adressant aux seigneurs.
Des troubles renaissants et d'une guerre impie
Vous voulez, comme moi, délivrer le pays?

TOUS.
C'est notre vœu.

SAINT-BRIS.
Du roi, du ciel, de la patrie,
Vous voulez, comme moi, frapper les ennemis?

TOUS.
Nous sommes prêts.

SAINT-BRIS.
Eh bien! du Dieu qui nous protége
Le glaive menaçant est sur eux supendu;
Des huguenots la race sacrilége
Aura dès aujourd'hui pour jamais disparu.

RAOUL, soulevant la tapisserie à droite.
Qu'entends-je!

VALENTINE, à part.
O ciel!

SAINT-BRIS.
Entraînés dans le piége,
Ce soir même, à minuit, ils doivent périr tous!

DE NEVERS.
Qui les condamne?

SAINT-BRIS.
Dieu!

DE NEVERS.
Qui les frappera?

SAINT-BRIS.
Nous!

ENSEMBLE.

SAINT-BRIS.
Pour cette cause sainte,
J'obéirai sans crainte
A l'honneur, à mon roi!
Comptez sur mon courage;
Entre vos mains j'engage
Mes serments et ma foi.

VALENTINE, à part.
D'une mortelle crainte
Ah! mon ame est atteinte!
Cachons-leur mon effroi!
Comment tromper leur rage?
Dieu! soutiens mon courage
Et prends pitié de moi!

DE NEVERS, à part.
De douleur et de crainte
Ah! mon ame est atteinte!

Qu'exige-t-on de moi ?
Quel est donc ce langage ?
A l'honneur seul j'engage
Mes serments et ma foi!

SAINT-BRIS, aux seigneurs qui l'entourent.

roi peut-il compter sur vous ?

TOUS, excepté de Nevers.

Nous le jurons !

SAINT-BRIS.

moi qui dois guider vos pas.

TOUS, de même.

Nous vous suivrons !

SAINT-BRIS.

Quoi ! Nevers seul a gardé le silence !

DE NEVERS

Frappons des ennemis, mais non pas sans défense ;
Ce n'est pas le poignard qui doit percer leur sein.

SAINT-BRIS.

Quand le roi le commande !

DE NEVERS.

Il me commande en vain
De flétrir de mon sang l'honneur et la bravoure.

(Montrant les portraits suspendus autour de l'appartement.)

Et parmi ces aïeux dont la gloire m'entoure,
Je compte des soldats, et pas un assassin !

SAINT-BRIS, à de Nevers.

Quoi ! par toi notre cause est trahie et trompée !

DE NEVERS.

Non ! mais du déshonneur je sauve mon épée.

(Il la brise.)

Tiens ! la voici ! que Dieu juge entre nous !

VALENTINE, courant à de Nevers, et à demi-voix.

Ah ! d'aujourd'hui tout mon sang est à vous !
Vous saurez tout ; venez !... oui, je dois vous appren-
[dre...

(En ce moment s'ouvrent les portes du fond. Paraissent des quarteniers, des échevins et des chefs du peuple armés.)

SAINT-BRIS, s'adressant à eux et leur montrant Nevers.

Assurez-vous de lui—de Nevers, de mon gendre ;
Jusqu'à demain vous m'en répondez tous.

ENSEMBLE.

DE NEVERS.

Ma cause est juste et sainte,
Je puis, je dois sans crainte
Résister à mon roi.
Son ordre est un outrage ;
A l'honneur seul j'engage
Et mon bras et ma foi !

VALENTINE.

D'une mortelle crainte
Ah ! mon ame est atteinte ;
Cachons-leur mon effroi.
Comment tromper leur rage ?
Dieu ! soutiens mon courage
Et prends pitié de moi !

T-BRIS, SEIGNEURS, ÉCHEVINS, QUARTENIERS et CHOEUR DE GENS DU PEUPLE.

Pour cette cause sainte
J'obéirai sans crainte
A l'honneur, à mon roi !
Comptez sur mon courage ;
Entre vos mains j'engage
Mes serments et ma foi !

(Plusieurs gens du peuple armés de hallebardes emmènent de Nevers et sortent avec lui par la porte du fond. Valentine, sur un geste de son père, rentre par la porte à gauche.)

SCÈNE IV.

LES MÊMES, excepté DE NEVERS.

SAINT-BRIS.

Et vous qui répondez au Dieu qui nous appelle,
Chefs dévoués de la cité fidèle,
Quarteniers, échevins, écoutez tous ma voix :
Qu'en ce riche quartier la foule répandue,
Sombre et silencieuse, occupe chaque rue,
Et qu'au même signal tous frappent à la fois.

(A un des chefs.)

Toi, de Besme, et les tiens, entoure la demeure
De l'amiral... que le premier il meure !

(A un autre.)

Vous, à l'hôtel de Sens, où de nos ennemis
Tous les principaux chefs ce soir sont réunis
A la fête que l'on prépare
Pour Marguerite et le roi de Navarre.
Ecoutez ! écoutez ! — lorsque de Saint-Germain
Pour la première fois retentira l'airain,
Attentifs et muets à ce signal d'alarmes,
Dans l'ombre préparez vos soldats et vos armes !
Et lorsqu'enfin de l'Auxerrois
La cloche sainte aura pour la seconde fois
Du ciel impatient annoncé la vengeance
Le fer en main, alors levez-vous tous,
Soldats du Christ ! Dieu marche devant vous !

(Leur montrant les portes du fond qui s'ouvrent.)

Ce Dieu qui vous entend et vous bénit d'avance !

SCÈNE V.

LES PRÉCÉDENTS ; TROIS MOINES s'avançant lentement

LES TROIS MOINES.

Gloire au Dieu vengeur !
Gloire au guerrier fidèle
Dont le glaive étincelle
Pour servir le Seigneur !

(Tous les assistants tirent leurs poignards ou leurs épées.)

LES TROIS MOINES, étendant les mains.

Glaives pieux, saintes épées,
Qui dans un sang impur bientôt serez trempées,
Vous par qui le Très-Haut frappe ses ennemis,
Poignards sacrés, par nous soyez bénits !

CHOEUR.

Oui, gloire au Dieu vengeur !
Gloire au guerrier fidèle
Dont le glaive étincelle
Pour servir le Seigneur !

SAINT-BRIS, leur montrant la croix blanche et l'écharpe qu'il porte.

Que cette écharpe blanche et cette croix sans tache
Du ciel distinguent les élus!

LES TROIS MOINES, s'adressant chacun à un groupe.

Ni grace, ni pitié! frappez tous sans relâche
L'ennemi qui s'enfuit, l'ennemi qui se cache,
Les guerriers suppliants à vos pieds abattus!
Ni grace, ni pitié! que le fer et la flamme
Atteignent le vieillard, et l'enfant et la femme!
Anathême sur eux! Dieu ne les connaît plus!

CHOEUR GÉNÉRAL.

Dieu le veut! Dieu l'ordonne!
Qu'on n'épargne personne!
A ce prix il pardonne
Au pécheur repentant.
Que le glaive etincelle,
Que le sang ruisselle,
Et la palme immortelle
Dans le ciel vous attend!

SAINT-BRIS.

Silence!

LE CHOEUR, s'interrompant et reprenant à voix basse.

Que rien ne nous trahisse,
Et que de leur supplice
Rien ne les avertisse,
Retirons-nous sans bruit
Dans l'ombre et dans la nuit;
C'est Dieu qui nous conduit.
Point de bruit! A minuit!
Point de bruit!
Dieu nous guide et nous conduit.

(La foule s'écoule en silence. Saint-Bris s'éloigne avec elle.)

SCÈNE VI.

VALENTINE, RAOUL.

(Raoul soulève lentement la tapisserie, s'assure que tout le monde est sorti, et s'élance vers la porte du fond; mais il s'arrête en entendant qu'au dehors on la ferme au verrou.—Il se dirige alors vers la porte à gauche, et Valentine sort en ce moment de son appartement.)

DUO.

VALENTINE.

Où vas-tu?

RAOUL.

Secourir mes frères!
Dévoiler à leurs yeux ces complots sanguinaires,
Armer leurs bras vengeurs, et, le fer à la main,
De nos vils ennemis prévenir le dessein!

VALENTINE.

Mais ces ennemis!.. c'est mon père,
C'est un époux qu'à présent je révère;
Et tu voudrais les immoler?

RAOUL.

Je veux
Punir des assassins!

VALENTINE.

Armés au nom des cieux!

RAOUL.

Et voilà donc le Dieu que ton culte consacre,
Ce Dieu qui des Français ordonne le massacre!

VALENTINE.

Ah! ne blasphème pas! c'est lui dont la pitié
Veut préserver tes jours, auxquels il s'intéresse.
Ne sors pas!

RAOUL.

Je le dois!

VALENTINE

C'est trahir ma tendresse!

RAOUL.

Et rester... c'est trahir l'honneur et l'amitié!

ENSEMBLE.

RAOUL.

Le danger presse, le temps vole,
Laisse-moi, laisse-moi partir!
Ce sont mes frères qu'on immole
Laisse-moi, laisse-moi partir!
L'honneur le veut, je dois te fuir.

VALENTINE.

Si tu me quittes l'on t'immole;
Garde-toi, garde-toi de fuir,
O mon seul bien, ma seule idole!
Garde-toi, garde-toi de fuir.
Ah! te perdre serait mourir!

VALENTINE, le retenant près de la porte où il s'est élancé.

Non, par toi ce seuil redoutable
Ne sera pas franchi! je m'attache à tes pas!

RAOUL, cherchant à se dégager.

En t'écoutant je suis coupable!

VALENTINE.

En t'écoutant ne le suis-je donc pas?
Je le fais cependant, et dans mon trouble extrême
Je ne vois plus que toi dont les jours sont proscrits!
Reste, Raoul, et si tu me chéris,
Si tu m'aimes encor...

RAOUL.

Plus que jamais je t'aime.
Je voudrais te donner et mon sang et moi-même!
Mais immoler les miens, mes frères, mes amis!

VALENTINE.

Mais, sorti de ces lieux, chaque pas dans la ville
Peut t'offrir un danger! et pour t'en préserver
Reste ici, cette nuit! reste dans cet asile!

RAOUL.

Je ne puis!

VALENTINE.

Et la mort?

RAOUL.

Je saurai la braver

VALENTINE.

Eh bien donc, si ma voix vainement te supplie,
Et si mon malheur seul peut préserver ta vie,
Enfin... s'il faut me perdre afin de te sauver,
Reste, Raoul, reste... je t'aime!!!

RAOUL.

O bonheur suprême!
O délire!... ô transport!

Quel mot du ciel s'est fait entendre !
Oui ! cet instant change mon sort,
Vienne à présent la mort,
Puisqu'à tes pieds je puis l'attendre !

VALENTINE.

Ah ! qu'ai-je dit !... grace et pitié !

RAOUL.

Oui, tu l'as dit... oui, tu m'aimes.
C'est le jour qui renaît, c'est l'air pur des cieux mêmes !
Auprès de toi que tout soit oublié !
Parle encore et prolonge
De mon cœur le doux sommeil !...

(pressant contre son cœur.)

Et si mon bonheur est un songe,
jamais, ô mon Dieu, n'arrive le réveil !

(tombe à ses genoux et l'entoure de ses bras. On entend dans le lointain le son d'une cloche.)

RAOUL, se relevant.

Entends-tu ces sons funèbres ?

VALENTINE, à part.

Ils me glacent de terreur !

RAOUL.

Du sein des noires ténèbres
S'élève un cri de fureur !

(Portant la main à son front et comme sortant de son égarement.)

Où donc étais-je ?

VALENTINE.

Auprès de moi, dont les prières...

RAOUL.

Ah ! souvenir fatal !
Du massacre de mes frères
C'est l'horrible signal !

ENSEMBLE.

RAOUL.

Plus d'amour !... plus d'ivresse !
O remords qui m'oppresse !
Je les verrais sans cesse
Égorgés sous mes yeux !

(Repoussant Valentine.)

Je ne veux rien entendre !
Mes frères vont m'attendre,
Et je cours les défendre
Ou mourir avec eux !

VALENTINE.

Eh quoi ! dans son ivresse,
Repousser ma tendresse !
Le remords qui m'oppresse
Est-il donc moins affreux ?
Quoi ! l'amour le plus tendre
Veut en vain te défendre !...
Raoul, daigne m'entendre
Ou je meurs à tes yeux !

(On entend de nouveau le son des cloches.)

RAOUL.

C'en est fait !... voici l'heure !
Le ciel veut que je meure :
Tu m'arrêtes en vain !

VALENTINE.

Je ne te quitte pas !... frappe, voilà mon sein.

RAOUL, cherchant à s'arracher de ses bras.

Dieu ! soutiens mon courage !...

(S'approchant de la fenêtre à droite.)

Tiens... vois, sur ce rivage,
Vois ces cadavres sanglants.

VALENTINE.

Ah ! quelle horreur s'empare de mes sens !...

(Hors d'elle-même.)

Raoul ! ils te tueront !... reste ! reste ! ou je meurs !

RAOUL, dans le plus grand trouble.

Ah !... que faire ? et comment résister à ses pleurs ?

(Le beffroi retentit, et l'on entend le bruit des armes. Raoul pousse un cri d'effroi.)

Non !... c'en est fait... l'honneur m'ordonne de partir.

(Regardant Valentine à moitié évanouie.)

Dieu !... veillez sur ses jours !... et moi je vais mourir

(Il s'élance du haut du balcon qui est à droite et disparaît. Valentine pousse un cri et s'évanouit.)

ACTE CINQUIÈME.

SCÈNE I.

(Des appartements magnifiquement éclairés dans l'hôtel de Sens. Damville, de Guerchy, tous les principaux protestants [illegible]nt réunis. Des dames de la cour, en habits de gala, [illegible]ssent les banquettes du bal, ou dansent avec de jeunes [illegible]liers. — Les passe-pieds, les sarabandes se succèdent [illegible]ment. — Paraît au fond Marguerite avec Henri de Navarre, [illegible]n mari, suivie de son page Urbain. Les dames et seigneurs [illegible] ont au-devant de la reine et lui font les honneurs de cette fête, donnée en l'honneur de son mariage. Le groupe royal traverse la salle du bal, et disparaît dans un autre appartement. Au milieu d'une musique bruyante, on croit entendre le son lointain d'une cloche. — Les danseurs s'arrêtent, écoutent un instant, puis avec indifférence se remettent à danser ; et au moment où tout présente l'aspect du bal le plus animé, on entend un grand bruit au dehors Raoul paraît à la porte du fond, pâle, en désordre, et ses ensanglantés.)

SCÈNE II.

LES PRÉCÉDENTS ; RAOUL, se précipitant au milieu la salle du bal.

RAOUL.

Aux armes, mes amis ! on immole nos frères !
L'autre bord de la Seine est inondé de sang !
Des assassins gagés les hordes meurtrières
Seront ici dans un instant !

Paris. — Imprimerie Walder, rue Bonaparte, 44.

www.ingramcontent.com/pod-product-compliance
Ingram Content Group UK Ltd.
Pitfield, Milton Keynes, MK11 3LW, UK
UKHW012129240726
13965UKWH00005B/2061

9 782013 044776